HOLGER SCHEERER

Ibsens Baumeister Solness

© Holger Scheerer 2014/2015

Herstellung und Verlag:

Books on demand GmbH, Noderstedt

ISBN 978-3-73-476205-5

IBSENS BAUMEISTER SOLNESS

Eine Bearbeitung

IBSENS BAUMEISTER SOLNESS

Personen:

Halvard Solness – Baumeister
Frau Solness
Dr. Herdal – Hausarzt
Knut Brovik – ehemals Architekt, jetzt Assistent bei Solness
Ragnar – sein Sohn, Bauzeichner bei Solness
Kaja Fosli – Broviks Nichte, Buchhalterin und Sekretärin bei Solness
Hilde Wangel – die Jugend
Eine beliebige Anzahl von Statisten für die letzte Szene

Ort:

Das Stück spielt größtenteils im Hause des Baumeisters Solness.

ERSTER AKT

Szene 1

BROVIK. Wo ist Ragnar, mein Sohn?

KAJA. Psst, Onkel, Solness ist nebenan. Er ist heute früher gegangen, um den Leuten, die draußen am Löwenstrand eine Villa bauen wollen, seine Entwürfe zu zeigen.

BROVIK *(atmet schwer, hält sich am Stuhl fest)*. Ach, wenn das nur einmal klappen würde.

KAJA. Was ist? Du siehst so elend aus.

BROVIK. Ach, Kind, ich fühle mich auch elendiglich.

KAJA. Du solltest Feierabend machen und an die frische Luft kommen.

BROVIK. Ich fürchte, mit ein bisschen frischer Luft ist es bei mir nicht mehr getan. Es sind wohl die Präludien für den, dessen Stunde demnächst schlägt.

KAJA. Aber so etwas darfst du doch nicht sagen.

BROVIK. Doch, Kind, man muss der Wahrheit eine Gasse lassen.

KAJA. Na dann geh aber jetzt nach Hause und ruh dich aus.

BROVIK. Soll ich dort ersticken, Kind, in meinen weißen Kissen? Nein. Ich habe noch eine Verabredung mit dem Schicksal.

KAJA. Was meinst du?

BROVIK *(ballt eine Hand zur Faust, schlägt sie in die andere)*. Heute werde ich mir ihn vorknöpfen, deinen Chef.

KAJA *(erschrocken)*. Ach, nein, lieber nicht heute, geh nach Hause, ruhe dich aus. Du kannst immer noch mit ihm sprechen, wenn du dich besser fühlst.

BROVIK. Nein. Ich hab das ganze Abgewarte satt. Heute werde ich ihm meine Meinung geigen. Ich will eine Entscheidung. Ragnar hat das verdient. Ich höre ihn. Er kommt. Verschwinde, ich will alleine mit ihm sprechen.

KAJA. Wie du meinst *(ab, Auftritt Baumeister Solness)*.

SOLNESS. Ah, lieber Brovik, so spät noch im Amt, fleißig, fleißig *(blickt sich um)*. Wo ist Kaja?

BROVIK. Ich habe sie hinausgeschickt.

SOLNESS. Hinausgeschickt? So.

BROVIK. Das arme Kind braucht nicht so deutlich zu erfahren, wie es um mich steht.

SOLNESS. Sind wieder irgendwelche Leute dagewesen?

BROVIK. Ja, die jungen Leute vom Löwenstrand, die dort ihre Villa bauen möchten.

SOLNESS. Ach, zum Teufel mit denen.

BROVIK. Sie wollten die Zeichnungen sehen. Es drängt ihnen sehr. Sie wollen baldestmöglich mit dem Bau beginnen.

SOLNESS. Jaja, das kenne ich. Das ist die Jugend! Immer schnell, schnell, schnell. Keinen Sinn mehr fürs Detail, Brovik, keinen Sinn mehr für irgendwas. Qualität will Weile haben. Ich hätte beim Kirchenbau bleiben sollen. Ich hätte niemals anfangen dürfen, diese Hundehütten zu konstruieren.

BROVIK. Diese Leute sind grundsolide. Es liegt ihnen durchaus an einem wohlgestalteten Heim.

SOLNESS. Ach, zum Teufel mit dem ganzen Scheißdreck. So eine Villa kann doch jeder Depp, der einen Bleistift spitzen kann und ein bisschen Papier zur Verfügung hat, dahinkritzeln. Mit diesem Kinkerfatz muss man sich doch nicht an den berühmtesten Baumeister seiner Zeit wenden *(klopft sich auf die Brust).*

BROVIK. Sie wollen die Arbeit also abgeben?

SOLNESS. Sicher. Die Arbeit sollte grundsätzlich immer nur der machen, der auch Lust dazu hat.

BROVIK. Und Sie haben keine?

SOLNESS. Nicht die mindeste. Kann man in diesem Haus denn keinen Kaffee bekommen? *(ruft nach seiner Frau, erhält aber keine Antwort)* Aline! Außerdem geht es mir auf den Sack, dass hier jeder klingeln und durch mein Haus stapfen kann wer will.

BROVIK. Früher haben Sie sich über Kunden nie beklagt.

SOLNESS. Früher, o Gott, ja, früher. Früher war auch das Gras noch etwas frischer, nicht wahr, und der Mond noch etwas heller? Früher…

BROVIK. …früher waren Sie mein Angestellter…

SOLNESS. …und musste nach Ihrer Pfeife tanzen. Jetzt sind Sie mein Angestellter und müssen nach meiner Pfeife tanzen. Empfinden Sie das nicht als einen Fall von ausgleichender Gerechtigkeit?

BROVIK. Ich will nicht undankbar erscheinen. Aber ich denke nein. Ich habe Sie immer anständig behandelt bis zu der Zeit hin, als Sie mir wirtschaftlich das Wasser abgegraben haben.

SOLNESS. Warum so bitter, Brovik? Habe ich Sie nicht immer gut bezahlt?

BROVIK. Ich will nicht klagen.

SOLNESS. Na also, was wollen Sie denn noch!?

BROVIK. Für mich will ich nichts, mit mir geht es eh bald zu Ende. Aber für meinen Sohn.

SOLNESS. Ragnar? Was ist mit ihm?

BROVIK. Er ist ein tüchtiger Mitarbeiter.

SOLNESS. Er ist ein tüchtiger Mitarbeiter.

BROVIK. Schnell, mit einer raschen Auffassungsgabe.

SOLNESS. Schnell, mit einer raschen Auffassungsgabe.

BROVIK. Agil und gewandt, er kann gut mit den Kunden.

SOLNESS. Agil und gewandt, er kann gut mit den Kunden.

BROVIK. Ein verlässlicher, ein treuer Mitarbeiter.

SOLNESS. Ein verlässlicher, ein treuer Mitarbeiter.

BROVIK. Ein guter Zeichner.

SOLNESS. Ein guter Zeichner.

BROVIK. Ein zukünftiger guter Architekt und Baumeister.

SOLNESS. Wie bitte!? Jetzt lassen Sie die Kirche aber mal im Dorf, mein lieber Brovik. Zwischen einem guten Bauzeichner und einem guten Baumeister liegt eine Lücke so groß, dass die längste Brücke der Welt von Danyang-Kunshan in China mit 164,8 Kilometern Länge nicht ausreichen würde, sie zu schließen.

BROVIK. Aber man muss dem Jungen doch eine Chance geben.

SOLNESS. Wieso sollte man? Hat er denn etwas Vernünftiges gelernt außer dem bisschen Zeichnen da?

BROVIK *(räuspert sich)*. Ich möchte nicht ärgerlich scheinen. Aber Sie haben von ihrem Fach auch herzlich wenig verstanden, damals als Sie bei mir angestellt gewesen sind! Aber Sie haben sich auf den Hintern gesetzt und sich dann emporgeschwungen.

SOLNESS. Ja, sehen Sie, ich hatte Glück.

BROVIK *(senkt den Kopf)*. Ja, das ist wohl wahr. Sie sind ein Glückskind.

SOLNESS *(lacht)*. Dabei bin ich noch nicht einmal ein Sonntags-, sondern ein Montagskind.

BROVIK. Herr Solness, werter Herr Solness, schauen Sie mich doch einmal an. Sie können mich doch nicht in die Grube fahren lassen, ohne je erfahren zu haben, ob mein Sohn nun zu etwas taugt oder nicht?

SOLNESS. Jetzt regen Sie sich mal nicht so auf, mein Guter. Ihr Sohn kann bei mir arbeiten so lange er will. In diesen schwierigen Zeiten ist das wohl ein mehr als großzügiges Angebot.

BROVIK. Das ist es nicht. Der Junge ist bald dreißig. Er will heiraten, mit Kaja eine Familie gründen, vielleicht alles Dinge, die ich nicht mehr erleben werde. Solness, ich flehe Sie an, Sie müssen dem Jungen zu irgendeiner selbstständigen Arbeit verhelfen. Ich muss etwas sehen, das der Junge gemacht hat, verstehen Sie?

SOLNESS. Soso, heiraten will er also auch noch und ausgerechnet meine treue, fleißige und durchaus unentbehrliche Mitarbeiterin Kaja. Und überhaupt, Brovik, wie stellen Sie sich das eigentlich vor, zu einer selbstständigen Arbeit verhelfen, wachsen mir die Aufträge vielleicht aus der hohlen Hand, fallen Sie mir gar wie die gebratenen Täubchen im Schlaraffenland direkt in den Mund?

BROVIK. Aber er kann doch, wenn Sie einwilligen, den Bau der Villa draußen am Löwenstrand übernehmen!

SOLNESS. Was!? Die soll ich doch bauen!

BROVIK *(verzweifelt)*. Aber Sie haben doch gar keine Lust dazu. Das haben Sie doch vorhin selbst gesagt.

SOLNESS. Ich!? Keine Lust!? Da müssen Sie sich aber ganz schön verhört haben, hören Sie, Brovik. Baumeister Solness hat immer so gelebt *(bald die Hand zur Faust und streckt sie in die Höhe),* niemals so *(öffnet die Hand und lässt sie schlaff am Körper hinabsinken).* Unlust gibt es bei mir nicht. Disziplin, Brovik, Disziplin, das ist das Geheimnis. Talent ja, Glück wie Sie sagen, ja. Aber alles ist nichts ohne Disziplin.

BROVIK. Hören Sie, die Leute waren heute hier und haben mit meinem Sohn gesprochen. Seine Pläne und Entwürfe haben ihnen gut gefallen.

SOLNESS. Das kann ich mir denken.

BROVIK. Sie fanden, die Entwürfe hatten etwas Neues an sich.

SOLNESS. Etwas Neues, aha. So weit ist es also schon gekommen, etwas Neues. Wohl nicht so ein alter Scheißdreck wie ich ihn zu bauen beliebe, was?

BROVIK. Aber Sie könnten doch von ihrem Auftrag zurücktreten.

SOLNESS. Ich? Zurücktreten? Zurücktreten! Ich!? Hinter ihren Sohn zurücktreten, einen

begabten Zeichner, da sagt ja auch kein Mensch was dagegen, aber doch kein Architekt!
KEIN BAUMEISTER WIE ICH.

BROVIK. Sie wollen mich also vernichten. Sie wollen, dass ich aus diesem Leben trete ohne Freude, ohne zu sehen, dass aus meinem Sohn etwas geworden ist, soll ich aus dem Leben treten.

SOLNESS. Mein lieber Brovik, jeder muss aus dem Leben treten, so gut wie er eben kann. *(Brovik nimmt Hut und Mantel, geht wortlos ab.)*

Szene 2

SOLNESS. Fräulein Fosli, wollen Sie mich auch verlassen?

KAJA. Es muss nicht sein.

SOLNESS. Es soll nicht sein. Lassen Sie uns doch noch ein Brief aufsetzen.

KAJA. Aber gern. *(Setzt sich an den Schreibtisch, legt Papier und Füller zurecht, Solness tritt näher an den Tisch heran.)*

SOLNESS. Jetzt machen Sie doch keine Dummheiten. Und kommen Sie her. *(Kaja bewegt sich auf ihn zu.)*

SOLNESS. Näher. Viel näher.

KAJA. Was wollen Sie denn von mir?

SOLNESS. Ich will Ihnen eine Frage stellen.

KAJA. Eine Frage?

SOLNESS: Ja, wollen Sie diesen Penner tatsächlich heiraten?

KAJA. Ragnar?

SOLNESS. Ja, wen den sonst!

KAJA. Ich…

SOLNESS *(tritt noch näher heran, fast ihre Hände).* Das können Sie mir doch nicht antun. Wollen Sie das, wollen Sie mir das wirklich antun?

KAJA. Aber Herr Solness…

SOLNESS. …warum muss sich immer alles verändern? Warum kann nicht ein einziges Mal alles bleiben, wie es ist? Sagen Sie mir das Kaja, sagen Sie`s mir!

KAJA. Ragnar und ich sind schon vier, fünf Jahre verlobt und…

SOLNESS. …ja, lieben Sie ihn denn?

KAJA *(zögerlich)*. Ich…

SOLNESS. Ach Kind, Sie wissen doch noch gar nichts von der Liebe! Verlobt! Das sind doch Kindereien. Wenn Sie ihn wirklich lieben würden, dann hätten Sie ihn doch schon längst geheiratet!

KAJA. Es war geplant, dass er sich selbstständig macht. Und wenn er dann sein eigenes Geld verdient… dann wollten wir einen Hausstand gründen.

SOLNESS. Sein eigenes Geld verdient! Das ist ja die Höhe, Kind! Verdient er denn hier bei mir etwa nicht sein eigenes Geld? Hören Sie einmal einen alten Architekten und Baumeister an. Dieser Mensch mag ein guter Zeichner sein, ich schätze seine Dienste hier sehr in meinem Haus. Aber der wird doch niemals ein eigenständiger Architekt, ein Baumeister wie ich! Schlagen Sie sich doch so etwas aus dem Kopf!

KAJA. Er ist talentiert.

SOLNESS. Talentiert, mein Gott! Wer war heute nicht schon alles talentiert, wollte sich die Welt zu Füßen legen, mit einem Wurf auf einem Stück

Papier eine Revolution anfangen und endete dann doch im Rinnstein der Geschichte!

KAJA. Wenn Sie meinen.

SOLNESS. Ja, das meine ich, Kaja. Sie können nicht einfach fortgehen, mich verlassen, einen x-beliebigen Trottel heiraten, mich verlassen, mich!

KAJA. Aber Sie sind ja wie von Sinnen.

SOLNESS. Oh, nein. Da täuschen Sie sich sehr. Ich habe alle meine Sinne beisammen, gerade in diesem Moment, Kaja, habe ich sie alle beisammen, mehr beisammen sind meine Sinne, als mir lieb ist.

KAJA. Aber Sie wissen doch, ich werde Sie niemals verlassen. Für mich kann es nur den einen geben und sonst keinen auf der ganzen Welt

SOLNESS. Ja, das sagen Sie so dahin, einem alten Trottel ins Ohr. Die Botschaft hör ich wohl, ach, allein mir fehlt der Glaube.

KAJA. Was kann ich tun, ihnen zu beweisen wie ernst`s mir ist?

SOLNESS. Reden Sie diesem Menschen seine Heiratspläne aus! Er soll sich die Sache aus dem Kopf schlagen! *(Nimmt ihren Kopf in beide Hände.)* Denn ich kann ohne sie nicht sein, ohne sie nicht sein! *(versucht sie zu küssen)*

KAJA. O Gott.

SOLNESS. Lassen Sie den Herrgott aus dem Spiel! *(Küsst sie so leidenschaftlich, dass sie zurückweicht stolpert und zu Boden fällt.)* Verdammt, stehen Sie auf, so stehen Sie doch auf! Der Drachen kommt! Stehen Sie auf! *(Frau Solness tritt auf.)*

FRAU SOLNESS. Halvard!

SOLNESS. Ach, du bist es, meine Liebe.

FRAU SOLNESS. Mir scheint, ich komme etwas ungelegen.

SOLNESS. Ach was, wir haben nur einen Brief zusammen geschrieben, wir sind fast fertig.

FRAU SOLNESS. So, fertig seid ihr schon?

SOLNESS. Ja, gleich, im Moment... Was willst Du denn zum Donnerwetter!?

FRAU SOLNESS. Nach meinem Mann sehen. Darf ich das nicht?

SOLNESS. Aber natürlich, mein Schatz. Aber was ist denn so dringend?

FRAU SOLNESS. Dr. Herdal erwartet dich in der Bibliothek.

SOLNESS. Was, der schon wieder? Ja, was will er denn?

FRAU SOLNESS. Ich weiß es nicht. Ich weiß nicht, was du mit deinem Arzt zu bereden hast.

SOLNESS. Ich? Mit meinem Arzt was zu bereden. Aber nichts habe ich mit meinem Arzt zu bereden.

FRAU SOLNESS. Er wartet jedenfalls auf dich in der Bibliothek.

SOLNESS. Ja, Herrgott nochmal, gibt es denn heute wieder gar keinen Feierabend?! Also, gut, sage ihm ich komme gleich. Erst muss ich noch schnell…

FRAU SOLNESS. …den Brief zu Ende schreiben?

SOLNESS. Jawohl, den Brief zu Ende schreiben. *(Frau Solness verlässt den Raum.)*

KAJA. O je, die Dame denkt doch nicht etwa schlecht von mir?

SOLNESS. Ach, i wo. Wer könnte jemals etwas Schlechtes von ihnen denken, Kaja? Aber, meine liebe Kaja, es ist doch besser, wenn Sie jetzt gehen.

KAJA. Ja, ja, ich sollte gehen.

SOLNESS. Und die andere Geschichte, die bringen Sie in Ordnung!

KAJA. Ach, wenn es nur von mir abhinge.

SOLNESS. Ich WILL sie in Ordnung haben, verstehen Sie das, gleich morgigen Tages!

KAJA. Gute Nacht denn. Und denken Sie gut und lieb von mir.

SOLNESS. Das tue ich doch immer. *(Kaja ab.)*

Szene 3

SOLNESS *(lässt sich in den Sessel fallen)*. Ach, mein lieber Dr.

DR. HERDAL. Geht es ihnen nicht gut? Sie sehen so blass aus.

SOLNESS. Ach, du liebe Zeit, der Blick des Arztes! Ich kann Sie beruhigen, mir geht es blendend.

DR. HERDAL. Auch ihrer Frau?

SOLNESS. Wie meinen Sie das?

DR. HERDAL. Nun, Sie sah etwas, wie soll ich sagen, ja, fast verärgert, etwas wütend aus.

SOLNESS. So? Was Sie nicht alles bemerken, Herr Doktor. Ich glaube, Sie übertreiben gerne, mein Lieber. Und selbst wenn es so wäre, zum Teufel, sie würde sich schon wieder einkriegen.

DR. HERDAL. Einkriegen?

SOLNESS. Aber ja. Sie sind doch der Arzt. Und müssten wissen, dass kein Mensch eine Erregungskurve über längere Zeit aufrechterhalten kann. Weil sich dann automatisch der Organismus einschaltet und nach Entspannung verlangt. Hab ich Recht?

DR. HERDAL. Ich denke, Verehrtester, es kommt sehr auf den Grund der Verstimmung an.

SOLNESS. So?

DR. HERDAL. Ja. Wissen Sie, Frauen sind in manchen Dingen sehr empfindlich.

SOLNESS. O, ja, damit möchten Sie Recht haben. Es gibt zwei Arten von geistigem Gesetz, eins im Manne und eins im Weibe. Es gibt auch zwei Arten von Gewissen, eins im Manne und eins im Weibe. Sie verstehen einander nicht. Aber die Frau wird im praktischen Leben eben nach dem Gesetz des Mannes beurteilt, als wäre sie gar kein Weib, sondern eben ein Mann. Ein Mann ist leicht zu studieren. Aber mit einer Frau wird man nie fertig. SEELENKAMPF.

HERDAL. S e e l e n k a m p f ... Wie steht`s denn eigentlich mit der eigenen Psyche, verehrter Baumeister?

SOLNESS. Herr Doktor, was Sie alles wissen wollen. Machen Sie jetzt neuerdings auch noch einen auf Seelenklempner oder was? Aber wenn Sie`s unbedingt wissen wollen, meiner Psyche geht es blendend, ganz ausgezeichnet.

HERDAL. Ich habe mir aber etwas Sorgen gemacht, wie ich gestehen muss. Ihre Frau hat mir da ein paar besorgniserregende Dinge erzählt.

SOLNESS. Ach nein, nicht die schon wieder. Das alte Plappermäulchen kann nie ihren süßen Schnabel halten. Das hat man wohl davon, wenn man denselben Arzt sein eigen nennt. Was für ein Schauermärchen hat sie Ihnen denn aufgetischt?

HERDAL. Nun, es waren deren gleich zwei. Zum einen würden Sie von starken Alpträumen geplagt und nachts aus dem Schlaf fahren und irgendwelche Ausrufe tätigen…

SOLNESS. ...was? Wie will sie denn sowas wissen, wir haben doch getrennte Schlafzimmer!

HERDAL. Getrennt oder nicht, sie stören wohl die Nachtruhe dieses Hauses.

SOLNESS. Ach was, das ist eine völlig übertriebene Darstellung. So schlimm ist es auch wieder nicht.

HERDAL. Sie geben die Alpträume also zu?

SOLNESS *(seufzt):* Nun ja, schon. In letzter Zeit... wissen Sie, ich sehe manchmal so furchtbare Schatten in meinem Zimmer umhergehen. Sie scheinen nach mir greifen zu wollen.

HERDAL. Was stellen diese Schatten dar?

SOLNESS. Ich weiß es nicht, vielleicht ist es die Jugend, die nach mir greift, jawohl, die Jugend…

HERDAL *(verdutzt)*. Die Jugend? Wie meinen Sie das?

SOLNESS. Ach was, Herr Doktor, es werden die Bäume sein, nur die Bäume vor dem Haus, die ihre Schatten in mein Zimmer werfen. Aber Sie sprachen noch von einer zweiten Sache, die Sie beunruhigt.

HERDAL. O ja. Sie seien neulich beobachtet worden, wie Sie sich mit der Gardine in ihrem Arbeitszimmer unterhielten…

SOLNESS *(verärgert)*. Hören Sie, ich weiß nicht, was Sie mit ihren hahnebüchernen Vorhaltungen hier bezwecken…

HERDAL *(will ihn unterbrechen, doch Solness fährt in seiner Rede fort).*

SOLNESS. Ich weiß genau, dass meine Frau mich für verrückt hält! Ich bin aber der Meinung, dass Sie da erstmal vor ihrer eigenen Haustüre kehren sollte, das alte Schaf! Ich habe mich mit meiner Gardine unterhalten! Sind Sie jetzt eigentlich komplett übergeschnappt!?

HERDAL. Nun ja, Sie haben sich vielleicht nicht mit ihrer Gardine direkt unterhalten. Aber Sie sollen doch zu Selbstgesprächen neigen, was sich in letzter Zeit deutlich verschlimmert haben soll.

SOLNESS. Ach was, so ist es nun auch wieder nicht. Hören Sie, die Gardine klemmt etwas und lässt sich nicht mehr richtig zuziehen. Es kann gut sein, dass ich da im Ärger etwas vor mich hingemurmelt habe. Aber das kann man wohl kaum als Selbstgespräch oder gar noch als Unterhaltung mit einer Gardine bezeichnen!

HERDAL. Ich sage nur, was mir berichtet wurde.

SOLNESS. Ihr Zeuge ist aber nicht besonders glaubwürdig. Ich glaube eher, dass meine Frau übergeschnappt ist. Aber ich mag ihnen gerne zugeben, dass dieses Weib mich schon immer für verrückt gehalten hat. Ich frage mich manchmal, wieso sie mich überhaupt geheiratet hat, wenn sie mich für einen psychisch gestörten Idioten hält.

HERDAL. Ihre Frau liebt Sie.

SOLNESS *(lacht)*. So. Dann hat sie aber eine eigenartige Weise, dies zu zeigen.

HERDAL. Das finde ich nicht…

SOLNESS. ...ach, hören Sie doch endlich auf mit ihrem Psychogeschwubbel! Mehr haben Sie wohl heute nicht zu bieten? Jetzt erzähle ich ihnen mal eine Geschichte aus der wirklichen Welt, damit Sie mal wieder auf den Teppich kommen. Als im letzten Jahr die Einladung ausging, Anteile an einem neuen Luxusdampfer zu erwerben, habe ich sofort zugeschlagen. Irgendwie muss man seine sauer verdienten Kröten ja anlegen. Und das Aktiengeschäft, da erzähle ich ihnen ja nichts neues, ist derzeit zum Kotzen. Das ganze Unterfangen wurde von den Initiatoren als aller Wahrscheinlichkeit nach vielversprechend ausgeleuchtet. Aus Vertrauen in die Schifffahrtslinie und den Berechnungen der Initiatoren erwarb ich gleich 50 Anteilscheine auf einen Schlag, zum Preis von jeweils 1000 Euro.
Die ersten beiden Jahresberichte erhielten dann Meldungen über verschiedene größere Missgeschicke, die dem Schiff zugestoßen waren,

aufgrund welcher den Aktionären keine Dividende ausgeschüttet werden konnte. Den Zeitungen aber konnte ich entnehmen, dass das Schiff in diesem Zeitraum völlig ruhig und selbstverständlich und durchaus ohne unvorhergesehene Unterbrechungen auf den vorgesehen Routen durch die Weltmeere verkehrt hat. Nichtsdestoweniger habe ich bis zum heutigen Tage keinerlei Dividende für meine Aktien erhalten!

Ich kann mir kaum vorstellen, dass ein Konsortium praktisch denkender Geschäftsmänner ein Unternehmen aufrechterhält, das sich über mehrere Jahre hinweg als völlig unproduktiv erwiesen haben soll. Dennoch ist mir bislang nichts darüber bekannt geworden, dass man daran denkt, die Gesellschaft aufzulösen und das Schiff an irgendeine andere Linie zu verscherbeln.

HERDAL. Tja, solche Sorgen kenne ich nicht. Ich verfüge zwar – mit ihnen verglichen – nur über ein ganz bescheidenes Salär. Bringe aber jeden Cent, der übrig bleibt brav zur Bank. Da kriege ich zwar nichts dafür. Aber ich schlafe beruhigt, kann ich ihnen sagen. Ich habe auch keine Alpträume, schrecke nicht im Schlaf auf und führe auch keine Selbstgespräche.

SOLNESS. Ach, lassen Sie doch ihre Anspielungen. Jedenfalls ist es so, dass irgendein Beschiss vorliegen muss. Das Unternehmen ist nämlich als durchaus rentabel anzusehen. Es muss also so sein, dass sich gewisse Herren in den Sesselfurzetagen zunächst einmal schadlos halten und dann für die Dividende der Aktionäre nicht mehr übrig bleibt. Ich Vollidiot rechnete aber doch damit, als ich die Aktien zeichnete, für mein im Schweiße meines rohen Angesichts verdienten Geldes einen direkten und realen Ertrag zu erhalten.

Doch, lieber Doktor, nicht mit mir. Nicht mit dem alten Baumeister Solness. Bei der nächsten Generalversammlung werde ich auftauchen…

HERDAL. …glauben Sie wirklich, dass Sie da was ausrichten können?

SOLNESS. Zumindest werde ich eine Rede halten, dass die Funken spritzen! Entweder sie fangen an, eine Dividende zu zahlen oder sie sollen den ganzen Scheißdreck zum Einkaufspreis wieder zurücknehmen. Es muss jedem einzelnen Trottel, der eine Pauschalreise auf diesem Dampfer gebucht hat, bekannt gemacht werden, dass es sich dabei um eine widerliche Bande von Halsabschneidern handelt. PUBLIC RELATIONS, sage ich ihnen, PUBLIC

RELATIONS werde ich betreiben, bis die Sonne aller Tage untergeht!

HERDAL. Wie gesagt, ich verstehe nichts davon, Gott sei Dank verstehe ich nichts davon.

SOLNESS. Ja, Herr Doktor, Sie haben gut lachen, Sie hatten immer schon gut lachen. Weil Sie sich nirgends beteiligen. Deshalb haben Sie gut lachen. Weil Sie sich für nichts engagieren. Weil Sie sich hinter ihrem Ahorntischchen in ihrer Privatpraxis verbergen. Deshalb haben Sie gut lachen. Sie können sich gut und gerne aus der Welt heraushalten. ICH aber muss meinen Namen in die ganze Welt hinaustragen! ICH muss mein räudiges Gesicht in den Wind halten! ICH muss nehmen, was da kommt!

Szene 4

SOLNESS. Ich sag`s ihnen, Herr Doktor, das Leben ist zu gut verlaufen. Ich habe zu viel Dusel gehabt.

HERDAL. Und das beunruhigt Sie?

SOLNESS. Ungemein. Ich speie vor Angst, früh und spät. Ich denke immer: Es ist zu gut gelaufen, Baumeister, die Mauern haben sich zu leicht gefügt, die Türme zu lange gehalten. So kann es nicht weitergehen, Herr Doktor. Einmal muss doch wohl der Rückschlag kommen.

HERDAL. Ach was, woher sollte denn der Rückschlag kommen?

SOLNESS. Der Rückschlag wird von der Jugend kommen. Während wir hier gemütlich sitzen, schleicht die Jugend schon ums Haus und schwenkt ihre Fahnen. Der Tag wird kommen, an dem sie zum letzten Stoß ansetzt. Ihre Fanfaren werden klingen wie die Trompeten von Jericho. Es wird einen Dolchstoß geben, Doktor, mitten ins Rückenmark. Nicht eher wird die Jugend von uns lassen, als dass wir nicht bis auf die Grundmauern abgetragen sind. Die Jugend wird an die Türe pochen. (*Es klopft. Solness und Herdal schauen sich verduzt an. Auftritt Hilde Wangel. Herdal lauscht noch eine Weile dem Dialog zwischen Solness und Hilde. Als dieser immer intimer wird, entfernt er sich leise.*)

SOLNESS. Herein! (*Hilde stürmt herein und stellt sich selbstbewusst-forsch auf.*)

HILDE. Guten Tag!

SOLNESS. Guten Tag. Wow. Es scheint so, Herr Doktor, dass ich mit meiner Vermutung gar nicht so falsch gelegen bin, die Jugend poche an unsere Tür. Wenngleich ich die Jugend nicht erwartete in solch angenehmer Gestalt. Wer ist denn das hübsche Kind?

HILDE. Danke der Nachfrage, Professor. Aber ich bin schon erwachsen. Sehen Sie das nicht?

SOLNESS. Doch, doch, ich sehe. Und ich sah selten Angenehmeres. (*Zu Herdal*) Jetzt sagen Sie doch auch mal was, Doktor. *(Herdal murmelt etwas vor sich hin, das als Zustimmung gedeutet werden könnte.)*

HILDE. O, Sie sind aber auch ein alter Schmeichler, mein Baumeister!

SOLNESS. Mein Baumeister? Wie darf ich denn das verstehen?

HILDE *(stürmisch)*. Ja, kennen Sie mich denn nicht mehr?

SOLNESS. Ja, Moment, so schnell schießen die alten Preußen nicht. Ich denke ja nach. Also irgendwie muss ich sagen... also irgendwie kommen Sie mir schon bekannt vor. Ihre blonde Mähne ist`s, die mich in ihrer Pracht erschüttert und ich muss sagen... ja, irgendwie bekannt vorkommt *(denkt weiter nach)*. Sagen Sie, haben Sie vielleicht einmal ein Praktikum in meinem Büro gemacht, Fräulein?

HILDE. Pfui Teufel, Professor, dass Sie so etwas sagen können, nach allem, was zwischen uns geschehen ist, nach all dem, was wir zusammen durchgemacht haben. ICH und für Sie arbeiten!

Da haben Sie sich aber ganz schön verritten, Professor. Nie im Leben käme ich auf die Idee für Sie zu arbeiten. Ja ganz im Gegenteil, ich wusste in der Tiefe meines Herzen immer, dass Sie eines Tages für mich arbeiten würden, das hätten Sie sich *(Pause, leiser)* hättest Du dir auch sparen können. Vor Dir steht eine große, blonde, schlanke Frau, vollkommen ausgewachsen, ich bin vollkommen ausgewachsen wie Du siehst *(präsentiert ihren Körper).*

SOLNESS. Ja, ja, das sehe ich... das sehe ich durchaus. Ich muss nachdenken, meine Liebe, Sie verwirren mich... lassen Sie mir Zeit, etwas Zeit zum Nachdenken... ich komme schon noch drauf... nein, vielleicht doch nicht. Aber ich muss zugeben, dass mir jetzt auch ihre Stimme irgendwie bekannt vorkommt.

HILDE. Das gildet nicht, Professor, irgendwie bekannt vorkommt, nach dem ich Dir mit dieser Stimme schon so viel ins Ohr geflüstert habe.

SOLNESS. Ins Ohr geflüstert? Wie? Aber entschuldigen Sie mal, irgendwie verstehe ich jetzt allmählich gar nichts mehr. Sie kommen in mein Haus, stürmen in mein Haus, stellen sich nicht vor, duzen mich, sprechen mich ganz vertraulich an, in einem Tonfall, den ich mir bei meiner Frau verbieten würde... Ich bin Baumeister Solness. Und Sie sprechen mich hier mit einer fast schon unverschämten Vertraulichkeit an, als wäre ich ihr Mann. Und Sie meine Frau.

HILDE. Nichts anderes bin ich.

SOLNESS. Wie!?

HILDE. Nichts anderes bin ich, als ihre Frau.

SOLNESS *(lacht kurz auf)*. Das wird ja immer besser! Jetzt wollen Sie auch schon meine Frau sein. Ich kann Sie aber beruhigen. Meine Frau heisst Aline... Aline also bügelt gerade unten im Keller die Wäsche. Jetzt aber mal Butter bei die Fische, mein Kind, heraus mit der Sprache, wer sind Sie wirklich?

HILDE. Hilde bin ich, Hilde Wangel.

SOLNESS. Hilde? Hilde Wangel? Wangel? Wangel... Wangel... Hilde Wangel... Ach, Herr Jemine! Habe ich denn nicht mal etwas gebaut, was mit einem Wangel zu tun gehabt hat?

HILDE. Irgendwas? Du bist gut *(kichert)*. Es war einer der höchsten Kirchtürme im ganzen Land. Ist es noch immer.

SOLNESS. Kirchturm sagen Sie... Ja, wissen Sie, Türme... Sie nehmen mich ganz schön in die Mangel, Fräulein Wangel... Türme... die Sanierung und der Bau von Türmen, Kirchtürmen - das war lange Jahre mein absolutes Spezialgebiet. Als Kirchturmbauer erwarb ich meinen Ruhm, der meinen Namen um die ganze Erde trug. In den Zeiten der Krise... ja, noch heute lebe ich von diesem Namen... Kirchturm sagen Sie? Ein Kirchturm... einer der größten Kirchtürme im ganzen Land sagen Sie... ja, das kann ja im Grunde... das kann ja im Grunde nur die Kirche in Lysanger gewesen sein.

HILDE *(applaudiert).* Bravo, mein lieber Baumeister. Uff, du hast es geschafft. Das war ja eine Zangengeburt.

SOLNESS. ... da lebte gegenüber der Kirche, ja, auf der anderen Seite des Platzes, da lebte ein

Lehrer mit Namen Wangel, irgendein Oberstudienrat oder so etwas ähnliches, bei dem, in dessen Haus ich manchmal zu Gast gewesen bin. Er lud mich, als ich von der Baustelle kam, manchmal zu einem kleinen Imbiss oder einem Umtrunk ein. Ja, Wangel, ich glaube das ist es. Wangel hat der Mann geheißen. *(Pause.)* Und der hatte eine Tochter...

HILDE *(präsentiert ihren Körper).* ... voilà, cèst moi!

SOLNESS. *(tut so, als hätte er sie nicht gehört).* ...ein bildhübsches, blondes Mädchen, ja, ein kleines goldiges Kind hatte der Wangel.

HILDE. Pfui, Herr Professor! Jetzt hast du dich so gut geschlagen. Und jetzt sagst du wieder etwas so Dummes, so was ganz Dummes, mein Liebster. Kleines Kind, pah, da müsste ich ja fast lachen, wenn ich dich nicht schelten müsste, du böser Bube. Ich war kein kleines Kind. Ich war schon fast erwachsen, so 12 oder 13 Jahre alt.

SOLNESS *(tut so, als hätte er sie nicht gehört).* Ein kleines Kind hatte der Wangel, ein bildhübsches, kleines, blondes Mädchen, ja, das hatte der Wangel, ein hübsches Kind. (*Pause, verwundert*) Und das sind Sie?

HILDE. Voilà, cèst moi!

Szene 5

SOLNESS. Sagen Sie, Fräulein Wangel, wie lange ist das eigentlich her, seitdem wir uns begegneten?

HILDE. Ei, es werden zehn Jahre sein.

SOLNESS. Zehn Jahre? Nun, wie die Zeit vergeht. Aus dem Kinde wurde eine Frau. Und was für eine Frau.

HILDE. Ja, da staunst du, was?

SOLNESS. Dann sind Sie jetzt so um die 22?

HILDE. Ich werde 23.

SOLNESS. 23, soso. Sagen Sie einmal, Fräulein Wangel, es ist schon spät. Wo werden Sie den übernachten?

HILDE. Nun, ich will hier übernachten. Ich will schlafen wie ein Bär.

SOLNESS. Wie ein Bär? Und hier? Nun, Platz hätten wir schon. Man könnte eines der Kinderzimmer hernehmen.

HILDE. Oh, du hast bestimmt ganz eklig viele Kinder?

SOLNESS. Nein... wir haben keine Kinder.

HILDE. Na, dann hast du ja genügend Platz für mich. Und ich kann hier schlafen. Ich will schlafen wie ein Bär.

SOLNESS. Ja, Sie sind bestimmt ein ganz süßer Bär. Aber vergleichen Sie sich doch nicht immer mit einem Bären. Ein so filigranes Geschöpf wie Sie kann doch kein Bär sein.

HILDE. So, kann ich nicht?

SOLNESS. Nein, mein Kind, ganz ausgeschlossen, ein Bär. Vielleicht eine Gazelle, eine leichte Spring-ins-Feld-Gazelle. Aber doch nicht ein verfressener Bär.

HILDE. Wie du meinst. Ich will alles sein, was du in mir sehen willst. Genau wie damals, als ich deine Prinzessin gewesen bin.

SOLNESS. Meine Prinzessin? Aber, Kind, wie kommst du denn auf sowas?

HILDE. Ei, nun hat der Professor doch noch zum Du gefunden?

SOLNESS. Wieso? Ach so, wie du willst, mein Kind, wie ist es nun mit der Prinzessin?

HILDE: Aber deshalb bin ich ja da.

SOLNESS. Wegen der Prinzessin?

HILDE. Hach, nein, mein Dummerchen, weil du mir ein Schloß versprochen hast.

SOLNESS. Ein Schloß? Ich habe dir ein Schloß versprochen?

HILDE. Aber gewiss doch, Zuerst hast du mich zu deiner Prinzessin gemacht. Und dann hast du mir ein Schloß versprochen. Wenn ich einmal groß bin, so in zehn Jahren, hast du mir versprochen, bekomme ich mein Schloß. Voilà, ich bin da. Wo ist das Schloß?

SOLNESS *(verwirrt).* Nun...

HILDE. Keine Ausflüchte, Baumeister, wo ist mein Schloß?

SOLNESS. Aber, mein Kind, vielleicht habe ich so etwas ja gesagt. Aber das war doch wie in einem Spiel, einem Spiel, verstehst du? Das kann man doch nicht ernst nehmen.

HILDE. Pfui, dass du so etwas sagen kannst, Baumeister, pfui, pfui, sag so etwas nicht, so etwas nicht, hast du gehört? Das Gelöbnis war auf ewig in den Augen der Götter... Du willst dich nur vor Deinem Versprechen drücken. Aber jetzt bin ich ja da. Und ohne mein Schloß gehe ich auch nicht wieder weg.

SOLNESS. Nun beruhige dich doch wieder, Kind. Ich bin sicher, wenn wir die Sache ruhig und nüchtern betrachten, vielleicht nach einer Nacht, in der du geschlafen hast wie ein Bär, dann finden wir schon eine Lösung. Ein Schloß? Also wenn es nur das ist, so etwas stelle ich ja in zwei, drei Monaten hin. Ein Schloß? Pah, Baumeister Solness ist schon mit ganz anderen Dingen fertig geworden. *(Hilde beruhigt sich wieder.)* Na, siehst Du, es geht doch wieder.

HILDE. Ach, wenn es doch das Schloß nur wär, was ist mit dem Kuss gewesen?

SOLNESS. Dem Kuss?

HILDE. Dem Kuss unterm Birnenbaum!

SOLNESS. Kuss unterm Birnenbaum?

HILDE. Ich mag es nicht recht leiden, mein Brummbärchen, wenn man dir so alles aus der Nase ziehen muss. Das muss dich ja damals alles kolossal schwer mitgenommen haben, wenn du jetzt das kleine schwarze Männchen mit den Erinnerungslücken spielen willst. O, das spielst du schlecht, ganz schlecht, das Spiel... Ins Haar gegriffen hast du mich unterm Birnenbaum. Und meinen Kopf hast du zurückgezogen unterm Birnenbaum. Und geküsst hast du mich als gäbe es kein Morgen unterm Birnenbaum. Und versprochen hast du mir unterm Birnenbaum mein Schloß.

SOLNESS. Ich, ähm *(räuspert sich)...*

HILDE. Ja, Professor, manchmal ist man ganz schön baff, wenn man den Spiegel vorgehalten kriegt und sich selbst drin sieht unter einem Birnenbaum. Du willst mir doch nicht weismachen, dass Du dich nicht erinnern kannst? Das war alles an dem Tag, als du das Gerüst erklommst.

SOLNESS. Das Gerüst, ja. Ich erinnere mich. Es war der Tag des Richtfests. Auf dem Kirchplatz gab es Musik. Und viele, viele hundert Menschen. Die Mädchen waren alle ganz in weiß. Und alle hatten sie Fahnen.
Ich stieg das Gerüst am Turm hinauf. Obwohl ich Höhenangst habe. Mir wird da oben, so ganz weit oben immer schwindelig. Aber an diesem Tag war ich wie beflügelt. Ich schwebte fast das Gerüst hinauf bis zur alleobersten Stelle. Und in meinen Händen hielt ich einen großen Blumenkranz. Und den Blumenkranz hängte ich oben, ganz oben auf am Wetterhahn. Sodass alle ihn sehen konnten, meinen Blumenkranz. Und unten in der Menge gab es ein Geheul und Beifall auch. Aber ein Mädchen ganz in weiß mit einer

roten Schleife am Kleid stach aus der Menge hervor, ein Teufelskind, es schrie: „Hoch, Baumeister Solness, hoch!" Und schwenkte ihr Fähnchen dabei wie eine Wilde.

HILDE. Das Teufelskind bin ich gewesen.

SOLNESS. Ja, das musst Du gewesen sein. Ich erkannte dich nicht, als ich so weit droben war. Aber jetzt sehe ich ein, jetzt glaube auch ich daran, dass das Du gewesen bist.

HILDE. Ich konnte mir nicht denken, dass es in der ganzen weiten Welt einen Baumeister gäbe, der einen so außergewöhnlich hohen Turm bauen könnte. Ich konnte es nicht glauben, dass jemand so weit gehen könnte. Und dann *(lacht)* hast du gesungen.

SOLNESS. Gesungen? Ich habe in meinem ganzen Leben nicht auch nur einen Ton gesungen.

HILDE. Doch. Damals hast du gesungen. Es hörte sich an wie Harfen in der Luft. Und auch danach beim Festessen im Klub warst du prächtig ausgelassen..

SOLNESS. Ja, es war der vielleicht schönste Tag in meinem Leben.

HILDE. Und du hast mich auch noch mal beiseite genommen. Und du hast mir versichert, wenn ich immer eine ganz artige Prinzessin bliebe und zehn Jahre zögen ins Land, dass ich dann mein Schloß bekäme. Und zu meinem Schloß mein Königreich, mein Königreich von Dir.
Und die Jahren zogen ins Land. Und die zehn Jahre waren vorüber. Und gekommen bist Du

nicht, bist Du nicht, wie Du`s mir versprochen hast. Ich blieb allein in meinem Traum.

Aber jetzt bin ich ja bei Dir. Jetzt wird alles gut. Dann rück es mal heraus, mein Königreich, Baumeister. Auf den Tisch, das Königreich!

SOLNESS. Kind, man weiß nie, wann Du noch scherzt und wann es Dir schon ernst ist, bitterernst.

HILDE. Nun, Liebster, dann sei doch etwas vorsichtiger mit mir.

SOLNESS. Das will ich gerne sein. Ich habe nur, weißt Du, nachgerade eine solche Angst bekommen vor der Jugend, o, so eine entsetzliche Angst vor der Jugend.

HILDE. Aber doch nicht vor mir?

SOLNESS. Doch, auch vor dir, Hilde. Darum habe ich mich in den letzten Jahren auch so eingeschlossen und eingeigelt. Ich bin mein eigenes Mausoleum geworden. Aber ich wusste immer: Die Jugend wird kommen und an die Türe donnern. Die Jugend wird kommen und stürmen ins Haus. Und jetzt ist sie da.

HILDE. Ja, jetzt ist sie da.

SOLNESS. Jetzt ist es aus mit Baumeister Solness *(nimmt ihre Hand)*. DU bist das Wesen, das ich am schmerzlichsten vermisst habe *(Hilde lächelt, geht rechts ab. Solness folgt ihr.)*

ZWEITER AKT

Szene 1

SOLNESS. Na, nu, was machst Du denn schon so früh auf?

FRAU SOLNESS. Ich habe etwas zu erledigen. In der Stadt.

SOLNESS. Soso.

FRAU SOLNESS. Aber du fragst ja gar nicht was.

SOLNESS. Was?

FRAU SOLNESS. Was ich zu erledigen habe in der Stadt.

SOLNESS. Ach so, was hast du denn zu erledigen?

FRAU SOLNESS. Du wirkst etwas in Gedanken versunken. Denkst du gerade an sie?

SOLNESS. An wen?

FRAU SOLNESS. HILDE.

SOLNESS. Ach, die. Ja. Ich gebe zu, sie ist mir gerade in den Sinn gekommen.

FRAU SOLNESS. Na, dann hast Du ja jetzt deine Antwort.

SOLNESS. Auf was?

FRAU SOLNESS. Auf deine Frage, was ich zu erledigen habe in der Stadt.

SOLNESS. Liebes, nehme mir es nicht übel, aber du warst mir schon immer etwas zu sybillinisch.

FRAU SOLNESS. Ich werde eine Besorgung machen für Fräulein Hilde.

SOLNESS. Für Hilde? Du? Für Hilde ausgerechnet? Aber warum tust Du denn das?

FRAU SOLNESS. Aus Sympathie.

SOLNESS. Das verstehe wer will.

FRAU SOLNESS. Dann sagen wir aus Pflicht. Das ist doch ein Wort, das Du verstehst. Sagen wir, es ist meine letzte Pflicht. *(Pause)* Draußen wartet Ragnar.

SOLNESS. O Gott, nicht der schon wieder. Und nicht so früh am Morgen. Hat er gesagt, was er will?

FRAU SOLNESS. Kannst Du Dir das nicht denken?

SOLNESS. Herrgott ja, ist ja schon gut. Ich kann mir genau denken, was er will. Sein Alter liegt im Sterben. Nun will er ihm das Abschrammen erleichtern. Und zwar auf meine Kosten, Frau, auf meine Kosten. Aber nicht mit mir, so wahr ich Baumeister Solness heiße.

FRAU SOLNESS. Das musst DU wissen.

SOLNESS. Und ob ich das weiß. Nur über meine Leiche wird dieser Junge ein Baumeister. Es gibt hier schon einen Baumeister. Und der bin ich. Und einer reicht, nur damit Du`s weißt.

FRAU SOLNESS. Das weiß ich.

SOLNESS. Also lass ihn nicht rein, hörst du, lass ihn nicht rein. Sag ihm, ich habe die Flöhe.

FRAU SOLNESS. Das sag ihm mal selber, er ist nämlich schon im Haus. Wenn ich rausgehe, sage ich ihm, dass er reinkommen soll. Er richtet sich gerade noch etwas her. Er sieht aus wie ein nasser Hund.

SOLNESS. Er ist schon drin. Die Jugend ist schon drin. Die Jugend ist da.

Szene 2

HILDE. Guten Morgen allerseits. *(Frau Solness ab.)* Na so, schon so verdrießliche Gesichter am frühen Morgen, das ist aber nicht schön. *(Streckt die Arme.)* Ach, wie herrlich schön hab ich gegeigt.

SOLNESS. Gegeigt?

HILDE. Ja, gegeigt. Ich hab im Traum gegeigt. Geigst Du denn nie in deinen Träumen?

SOLNESS. Nein, ich geige nicht. Ich habe nie gegeigt. Ich habe manches vergeigt, vieles eigentlich. Aber ich habe nie im eigentlichen Sinne gegeigt.

HILDE. Das ist aber schade. Was machst Du denn dann in deinen Träumen? Bauen?

SOLNESS *(hustet):* Das bestimmt nicht.

HILDE. So, was machst Du denn dann in deinen Träumen, sag!

SOLNESS. Ich träume nicht.

HILDE. Wie?

SOLNESS. Ich habe keine Träume.

HILDE. I, Baumeister, das ist aber ganz doll eklig. Sag mal, was kuckte denn die Alte grade so verdrießlich?

SOLNESS. Wer?

HILDE. Deine Frau.

SOLNESS. Die kuckt immer so.
HILDE. Die kann mich wohl nicht leiden?

SOLNESS. Mach dir nichts draus, mein Kind, die kann niemanden leiden.

HILDE. In echt? Nicht mal dich?

SOLNESS. Mich am allerwenigsten.

HILDE *(nimmt Ragnars Zeichnungen vom Tisch)*. Huch, was sind denn das für Zeichnungen? Die sind ja ganz dolle.

SOLNESS. Im Grunde sind sie das wirklich. Verstehst du denn etwas davon?

HILDE. I wo, nicht die Bohne.

SOLNESS. Wie kannst Du dann sagen, dass die Zeichnungen ganz dolle sind?

HILDE. Na, ich dachte, die Zeichnungen sind doch von Dir. Dann müssen sie ja ganz dolle sein.

SOLNESS. Sind sie aber nicht.

HILDE. Ja, wenn nicht von Dir, von wem denn dann?

RAGNAR *(stürmt ins Zimmer).* Ach, entschuldigen Sie, Herr Solness.

SOLNESS *(zeigt auf Ragnar).* Von dem da.

RAGNAR. Wie?

SOLNESS. Früher klopfte die Jugend noch an. Jetzt stürmt sie gleich ins Zimmer.

RAGNAR. Entschuldigen Sie, Herr Solness, ich habe angeklopft. Aber niemand hat herein gerufen.

SOLNESS. Oh ja, das kommt mir bekannt vor. Was glauben Sie eigentlich, an wie viele Türen ich in meinem Leben geklopft habe, und niemand hat herein gerufen?

RAGNAR. Ja, so ist es. Entschuldigen Sie bitte…

SOLNESS. …jetzt hören Sie doch auf, sich andauernd zu entschuldigen. Das ist ja direkt unsympathisch.

RAGNAR. Ich bin auch etwas in Eile; ich kann meinen Vater nicht so lange allein lassen. Mein Vater liegt im Sterben. *(Hilde seufzt.)*

SOLNESS. Nun, das ist ja nicht gerade eben etwas Neues.

RAGNAR. Ja, aber diesmal stirbt er tatsächlich.

SOLNESS. Ja, schade, wirklich jammerschade. Aber wir kommen alle einmal an den Punkt, wo wir aufstecken sollten.

RAGNAR. Mit meinem Vater geht es jetzt zu Ende. Ich bitte Sie, geben Sie mir ein paar freundliche Worte mit auf einem von den Blättern. Etwas, das ich meinem Vater geben kann…

SOLNESS. Glauben Sie wirklich, ausgerechnet Sie könnten das Unvermeidliche aufhalten mit ein paar freundlichen Worten? Und überhaupt, sprechen Sie mir nicht mehr von diesen Zeichnungen.

RAGNAR. Haben Sie sie angesehen?

SOLNESS. Ja, das habe ich.

RAGNAR. Und sie sind wohl untauglich? Und ich bin wohl auch untauglich?

SOLNESS. Es ist ein Denkfehler, sich mit seiner Arbeit zu identifizieren. Sie existiert außerhalb von einem. Sie existiert für sich. *(Pause)* Gegen die Zeichnungen ist nichts einzuwenden. Ich weigere mich aber, einen ichsüchtigen Menschen in seiner Ichsucht zu bestärken. Und sei es auch nur durch ein paar freundlichen Worte. *(Pause)* Nein, gegen die Zeichnungen ist nichts einzuwenden. Aber schlagen Sie es sich aus dem Kopf, jemals selbstständig zu bauen. Der Baumeister, das bin ich.

RAGNAR. Soll ich das meinem Vater sagen?

SOLNESS. Sagen Sie ihm doch, was Sie wollen. Das beste Geschwätz ist immer noch das Schweigen. Warum überhaupt wollen Sie die Weihe einer solchen Stunde mit Worten verdunkeln? Was bringt Ihnen das?

RAGNAR: Ich verstehe Sie nicht.

SOLNESS. Sie haben mich nie verstanden. Das ist einer der Gründe, warum Sie niemals ein Baumeister werden. Ich gebe zu, Sie haben etwas auf dem Kasten. Vielleicht haben Sie sogar mehr auf dem Kasten als ich zu Ihrer Zeit, zu Ihrer Zeit der Jugend. O, wie ich sie verfluche, die Jugend und ihre Zeit. Aber hören Sie, so lange ich lebe, wird hier niemand Baumeister *(wirft ihm die Zeichnungen ins Gesicht. Ragnar sammelt sie vom Boden auf. Solness beschwichtigend)* Hören Sie, was auch immer kommen mag, Sie dürfen von mir nicht etwas verlangen, was ich nicht kann, hören Sie Ragnar, Sie dürfen das nicht.

RAGNAR *(verbeugt sich, im Abgang)*. Nein, nein, entschuldigen Sie bitte…

Szene 3

HILDE. Das war ganz doll hässlich von Dir.

SOLNESS. Ach, wirklich, willst Du jetzt auch noch auf mir rumhacken?

HILDE. Ich will Dich schön sehen. Auf der Spitze des Turmes. Auf dem Gipfel der Schönheit, nicht der Hässlichkeit.

SOLNESS. Aber glaubst Du denn nicht auch, meine liebe Hilde, dass es einzelne auserkorene, auserwählte Menschen gibt, denen die Gnade verliehen wurde und die Macht und die Fähigkeit, in Ewigkeit etwas zu wünschen, etwas zu begehren, etwas zu wollen, so beharrlich und so unerschrocken und so unerschütterlich, dass Sie es zuletzt erreichen MÜSSEN. Glaubst Du das denn nicht?

HILDE. Ich wüsste nicht, ob ich zu den Auserwählten gehöre.

SOLNESS. Aber, Kind, du gehörst auf jeden Fall dazu. ALLEIN bewirkt man nämlich so große Dinge nicht, nicht allein. O, nein, die Helfer und die Diener, die Unglücklichen müssen auch mit dabei sein, wenn etwas daraus werden soll. Aber die, die man am nötigsten hat, kommen nie von selber. Die, die so unnötig sind wie ein Kropf, diese Ragnars, nur diese kommen im Überfluss und überschütten und suhlen einen ein und ersticken einen mit ihrer stinkenden Liebe. Aber die *(greift ihre Hand),* die man am nötigsten hat, die kommen nie von selber. Man muss sie recht beharrlich rufen *(legt ihre Hand auf seine Brust)*.

So ganz tief aus dem Inneren heraus immerzu rufen, verstehst Du das?

HILDE. Du bist krank, Baumeister, ich glaub beinah ganz doll krank.

SOLNESS. Steckst du jetzt schon mit meiner Frau unter einer Decke und unserem werthen Hausarzt, die halten mich nämlich auch für verrückt?

HILDE. Nein, ich glaube am Verstande fehlt es nicht.

SOLNESS. Wo denn sonst? Heraus damit!

HILDE. Ich glaube, du bist einfach mit einem siechen Gewissen zur Welt gekommen.

SOLNESS. Mit einem siechen Gewissen? Was ist denn das jetzt wieder für ein Teufelszeug?

HILDE. Ich meine, dass das Gewissen bei Dir so überaus schwächlich ist. So zart gebaut, dass es keinen Stoß verträgt. Dass es Schweres nicht heben, noch tragen kann. Der Mensch braucht aber ein robustes Gewissen.

SOLNESS. So, robust? Hast du denn ein robustes Gewissen, mein Kind?

HILDE. Ich glaube schon. Ich habe jedenfalls bis jetzt nichts anderes gemerkt.

SOLNESS. Hm, ist wohl auch nicht sonderlich auf die Probe gestellt worden bisher.

HILDE. Nun, so einfach war es nicht, Vater und Mutter zu verlassen.

SOLNESS. Ach, papperlapapp, die paar Wochen...

HILDE. ...ich kehre bestimmt nicht mehr heim. Du hast wohl schon vergessen, dass die zehn Jahre um sind. Und dass Du mir ein Schloss versprochen hast.

SOLNESS. Ach, Unsinn.

HILDE *(nimmt seine Hand und legt sie auf ihre Brust)*. Etwas ganz in meinem Inneren hat mich heraus- und hergejagt und hergepeitscht. Und mich auch gesucht und gezogen und gelockt.

SOLNESS. Da haben wir es, mein Kind, auch Du hast ein sieches Gewissen, auch Du bist beinah krank, auch in dir wohnt der Troll wie in mir. Es ist der Troll, der die Mächte herbeiruft. Der Troll ruft die Mächte von außen herbei. Und dann muss man sich ergeben, mag man wollen oder nicht *(küsst sie kurz und heftig).*

HILDE. Ich glaube fast, du hast recht, mein Baumeisterlein.

SOLNESS. Ach, es gibt in der Welt tüchtig viele Teufel, die man nicht sieht, die tüchtigsten sind die unsichtbarsten. Die Allertüchtigsten halten sich ganz im Hintergrund. Sie machen gerne einen Einkaufsbummel in die Stadt. Und fangen an zu weinen, wenn die Sonne einmal scheint.

HILDE. Och.

SOLNESS. In den alten Sagenbüchern wird von Wikingern berichtet, die einfach austraten aus der Scheiße, die nach fremden Ländern segelten und plünderten und sengten und brannten und Männer erschlugen…

HILDE. ...und Weiber raubten...

SOLNESS. ...und sie bei sich behielten...

HILDE. ...und auf den Schiffen mit nach Hause nahmen...

SOLNESS. ...und mit ihnen umsprangen wie die schlimmsten Teufel...

HILDE. Ich meine, das müsste ungeheuer spannend sein.

SOLNESS. Weiber zu rauben?

HILDE. Nein, geraubt zu werden.

SOLNESS. Ja, siehst Du, die Kerls hatten ein robustes Gewissen. Wenn sie nach Hause kamen, dann konnten sie fressen und saufen und fröhlich wie die Kinder waren sie auch. Und die Weiber, die haben manchmal gar nicht mehr von ihnen weggewollt.

HILDE. Die Weiber kann ich riesig gut begreifen.

SOLNESS. Könntest du denn einen solchen Kerl, einen solchen Gewaltmenschen lieb gewinnen?

HILDE. Ach, Gottchen, das steht doch nicht bei einem selbst, wen man lieb gewinnen kann oder nicht?

SOLNESS. Soso, Hilde, du bis ja ein ganz wilder Waldvogel, du *(will sie umarmen)!*

HILDE *(weicht aus).* Gelt fei!

SOLNESS. So ist die Jugend, die bereit steht, bei mir anzuklopfen. Und dem ganzen Baumeister den Garaus zu machen. Ich wusste es, der Rückschlag musste kommen. Aber sag mir, Hilde, was willst Du eigentlich von mir?

HILDE. Das weißt Du nicht? Ich will dich groß sehen, ganz groß. Hoch oben auf der Kirchturmspitze mit einem Kranz in der Hand.

SOLNESS. Schon gut, mein Kind, was willst Du aber wirklich?

HILDE. Mein Königreich.

Szene 4

FRAU SOLNESS *(rauscht in die Szene)*. So, ich bin wieder da, wie ich sehe, hat man sich gut unterhalten.

SOLNESS. Aha, Schatz, wieder da, warst Du schön in der Stadt, ja?

FRAU SOLNESS. Aber natürlich, mein Lieber, ich musste doch eine Überraschung besorgen für unseren Engel da.

HILDE. Für mich? Das ist aber lieb.

FRAU SOLNESS *(im Abgang)*. Aber ja doch, sehr lieb sogar und sehr hübsch.

HILDE. Mein Gott, hat die tückische Augen.

SOLNESS. Heute Abend noch, heute Abend noch hängen wir oben den Kranz auf, Hilde, der Jugend zum Zeichen, Hilde, den Kranz der Jugend sozusagen, der Jugend einen Kranz. Ganz oben auf der Turmspitze. Was sagst Du dazu, Hilde, mein Kind, was sagst Du?

HILDE. Ha, das wird freilich sehr schön sein, Baumeister. Dich wieder da oben zu sehen, wo du hingehörst, ganz hinauf mit dem Kranz, das ist doch spannend.

SOLNESS. Ja, mein Kind, das ist es wohl.

FRAU SOLNESS *(aus dem Off)*. Du bist doch krank, Halvard. Du bist doch krank. Es ist gar nicht anders möglich. Aber ich werde euch kurieren.

SOLNESS. In der obersten Turmkammer, so dicht unter dem Turm, da könntest Du doch schlafen, meine Prinzessin, das wäre doch was für eine Prinzessin, meinst Du nicht?

HILDE. Pfui, Baumeister. Ich sollte ein Königreich bekommen, keine Turmkammer!

SOLNESS. Ja, ei, denn nun. Ist das nicht ein Anfang, Hilde, ein Anfang für eine Prinzessin? Ist so eine Turmkammer nicht ein Anfang für ein Schloß? Und ist nicht ein Schloß ein Anfang für ein Königreich, Hilde?

HILDE *(schmollt)*. Mhm.

SOLNESS *(nimmt ihre Hände, sie lässt es geschehen)*. Heute Abend, Hilde, Prinzessin Hilde, heute Abend hängen wir noch den Kranz auf am Turm, ja, noch heute Abend, ganz oben hängen wir den Kranz auf…

HILDE. …an deinem Heim…

SOLNESS. …an meinem Heim, das niemals mein Heim werden soll. Es soll dir gehören, meine Prinzessin. Es soll ganz der Jugend gehören, mein Heim. Ja, so soll es sein.

HILDE *(klatscht und spuckt in die Hände)*. Das ist ja furchtbar spannend.

DRITTER AKT

Szene 1

FRAU SOLNESS. Was spazieren Sie denn da im Garten rum, Fräulein Hilde?

HILDE. Ach, ist dass denn nicht ein herrlicher Garten?

FRAU SOLNESS. Ich weiß. Ich habe ihn angelegt.

HILDE. Da hat man einen Baumeister im Haus. Und muss seinen Gartens selber anlegen?

FRAU SOLNESS. Hach, wie alt sind Sie denn, Fräulein Hilde?

HILDE. Och, noch keine 30.

FRAU SOLNESS. Na, dann warten Sie besser noch einmal 20 Jahre.

HILDE. I, wieso denn das?

FRAU SOLNESS. Dann erleben Sie es vielleicht noch, dass ihr werther Baumeister mal einen Finger krumm macht in Haus und Garten.

HILDE. Au, das ist aber hartherzig von dem.

FRAU SOLNESS. Was?

HILDE. Dass er ihnen nicht hilft in Haus und Garten meine ich.

FRAU SOLNESS *(winkt ab)*. Im Grunde hat er ein weiches Gemüt.

HILDE. Der? Echt?

FRAU SOLNESS. Sie kennen ihn eben doch noch nicht so ordentlich wie Sie meinen.

HILDE *(streckt sich).* Ach, hier kann man sich recht rekeln in der Sonne wie eine Katze.

FRAU SOLNESS. Wissen Sie, man muss standhaft bleiben, gerade im Unglück *(kramt in ihrer Handtasche).* Wo ist er denn, ihr werther Baumeister?

HILDE. Er ist bei den Arbeitern auf der Baustelle. Er hat heute noch großes vor, wussten Sie das nicht?

FRAU SOLNESS. Ach, könnten wir nur Freundinnen sein. Können wir das nicht *(ab)?*

Szene 2

SOLNESS. Hast du das bemerkt, wie sie sich aus dem Staub macht, wenn ich auftauche?

HILDE. Ihr ist nur kalt.

SOLNESS. Kalt ist sie allerdings.

HILDE. Ich meine das anders. Sie kommt aus einer Totengruft und geht in eine Totengruft.

SOLNESS. Du siehst auch schon ganz verfröstelt aus.

HILDE. Ja, deine Frau ist eine wandelnde Kühlanlage. Es weht eine kühle Luft hinter ihr her, wenn sie geht.

SOLNESS. Mir steckt der Frost ganz tief in meinen Gliedern. Aber ich wusste nicht, dass das Menschen, die sie erst so kurz kennen wie Du, genauso geht.

HILDE. Ich reise ab.

SOLNESS. Was!?

HILDE. Sofort.

SOLNESS. Aber… aber, das erlaube ich nicht!

HILDE. So, der Herr erlauben das nicht.

SOLNESS. NEIN.

HILDE. Was soll ich dann noch hier?

SOLNESS. Da sein, Hilde. Einfach nur da sein. Da sein, das ist doch nicht zu viel verlangt *(greift nach ihren Händen, sie wehrt ab)*.

HILDE. Dabei würde es wohl kaum sein Bewenden haben. Darf ich lachen?

SOLNESS. Wieso? Willst du dich schon wieder über mich lustig machen? Aber bitte, ich erlaube es. Ich erlaube es Dir, dass Du dich über mich lustig machst, lache nur, vielleicht habe ich nichts anderes zu erwarten.

HILDE. Wieder eingeschnappt, mein Baumeister.

SOLNESS. Ich kann ohne Dich nicht weiterleben, verstehst Du das?

HILDE. Ja, vielleicht.

SOLNESS. Du verstehst das nicht. Du bist das Leben. Ich bin der Tod. Ich bin gekettet an den Tod. Ich habe mich angekettet an eine Tote. Es ist mir egal, ob sie nun tot ist wegen mir oder nicht. Sie ist tot. Und ich bin gekettet an sie. Ich bin der Tod. Und du bist das Leben.

HILDE. Und deshalb reise ich ab.

SOLNESS. Nein. Deshalb musst du bleiben. Ich beschwöre dich, du musst bleiben, du musst. Denk doch einmal in deinem Leben nicht nur an Dich. Denk doch einmal in deinem Leben überhaupt irgend etwas. Ich, ausgerechnet ich, der ich freudlos leben nicht ertragen kann, denk doch nur einmal in deinem Leben auch an mich.

HILDE. Dummerchen. Seit zehn Jahren denke ich jeden Tag nur an Dich. Hast du das schon vergessen?

Szene 3

HILDE *(setzt sich an den Tisch, stützt den Kopf auf die Hände, starrt Solness an).* Was wirst Du eigentlich als nächstes bauen?

SOLNESS *(schüttelt den Kopf).* Glaube nicht, dass es noch was rechtes werden wird.

HILDE. Keine glücklichen, molligen, gemütlichen Heimstätten mehr für Mütter und Väter und die edle Kinderschar? *(Solness schüttelt den Kopf.)* Armer Baumeister. Und da bist Du das ganze Leben lang herumgegangen dafür, und hast Dein ganzes Leben eingesetzt dafür. *(Solness schüttelt den Kopf.)* Dumm. Ach, wie ist das alles dumm.

SOLNESS. Was denn?

HILDE. Dass man nicht die Hand ausstrecken darf nach seinem eigenen Glück. Dass man nicht die Hand ausstrecken darf nach dem eigenen Leben. Dass man sich zurückhalten muss, immer nur zurückhalten muss, bloß weil einem ein anderer im Wege steht, den man kennt.

SOLNESS. Jemand, an dem vorbeizugehen man nicht das Recht hat.

HILDE. Meinst Du das wirklich, nicht das Recht haben, das ist um einen hohen Einsatz niedrig gespielt. Ach, wenn man doch die ganze Geschichte verschlafen könnte. Einfach ins Bett gehen, vielleicht etwas mitnehmen, was man gerne hat, und dann einfach schlafen, schlafen und nicht mehr erwachen *(schließt die Augen)*.

Szene 4

HILDE. Ich weiß, was du als nächstes bauen wirst.

SOLNESS. Da weißt du mehr als ich.

HILDE. Dummerchen. Willst du dich wieder dümmer stellen als Du bist?

SOLNESS. Sag mir doch einfach, was Du willst.

HILDE. Mein Schloss.

SOLNESS. Fängst Du jetzt schon wieder damit an.

HILDE. Natürlich. Ich will mein Schloss. Wo ist es, mein Schloss?

SOLNESS. Es ist kein Spaß, Dir etwas schuldig zu sein, Hilde.

HILDE. Das ist das richtige Wort. Bist Du mir nicht ein Königreich schuldig, wenn ich fragen darf?

SOLNESS. Ein Königreich, ein ganzes Königreich?

HILDE. Jawohl. Und dazu gehört ja wohl ein Schloss.

SOLNESS. Ja, so wird es sein.

HILDE. So bau es mir doch.

SOLNESS. Freilich. Und womöglich sofort.

HILDE. Fixo pronto, sofort, jetzt gleich, in diesem Augenblick, im Moment. Aber schnell *(klopft auf den Tisch)* Auf den Tisch, das Schloss, her damit. Es ist mein Schloss. Ich will es sofort.

SOLNESS. Ja, das Schloss. Ich meine, wie soll es denn aussehen, das Schloss?

HILDE. Mein Schloss soll ganz auf der Höhe liegen. Über die Maßen hoch soll es liegen. Ungeheuer oben. Unter den Wolken. Und frei nach allen Seiten hin, so dass ich in die Ferne blicken kann, weit übers Land.

SOLNESS. Ha, und es soll wohl einen hohen Turm haben?

HILDE. Einen gewaltig hohen Turm soll es haben. Jeder soll sehen, der Augen hat, dass der gewaltig hohe Turm ins Schloss gehört, dass er mitten ins Schloss gehört *(Pause)* Oben, ungeheuer oben will ich stehen und auf die anderen herabblicken, diese Leute, all diese Leute, die da kreuchen und fleuchen und Kirchen bauen und Heimstätten für Mütter und Väter und die edle Kinderschar.

SOLNESS. Darf denn der Baumeister auch einmal dahin kommen und schauen?

HILDE. Wenn der Baumeister will.

SOLNESS. Ich glaube, dann kommt der Baumeister.

HILDE. Ich glaube auch, dass der Baumeister kommt.

SOLNESS *(schüttelt den Kopf)*. Wird wohl nicht mehr bauen, der Baumeister.

HILDE. O doch, o doch, er wird bauen. Er wird das schönste bauen, was es überhaupt gibt. Er wird das schönste bauen, was es überhaupt gibt für uns.

SOLNESS. Was soll denn das sein, Hilde, was soll denn das sein?

HILDE. Unser Luftschloss.

SOLNESS. Luftschloss.

HILDE. Unser Luftschloss.

SOLNESS. Luftschloss.

HILDE. Weißt du denn nicht, was ein Luftschloss ist?

SOLNESS. Du sagst es ja, das Schönste auf Erden.

HILDE. Das Schönste auf Erden. Das Schönste auf Erden ist ein Luftschloss, unser Luftschloss. Unser Luftschloss ist das Schönste auf Erden.

SOLNESS. Ich baue kein Luftschloss.

HILDE. Was bitte?

SOLNESS. Ein Luftschloss baue ich nur auf soliden Grundmauern.

HILDE. Das hört sich schon besser an, mein Baumeister.

SOLNESS. Von jetzt an bauen wir zusammen, Hilde. Ich baue nicht mehr allein, Hilde, nie mehr allein *(ab)*.

Szene 5

FRAU SOLNESS. Wo steckt er denn, mein Mann?

HILDE. Er ist wieder zu den Arbeitern gegangen. Er hat den Kranz genommen.

FRAU SOLNESS. Die Krone zum Richtfest? O Gott!

HILDE. Was haben Sie denn?

FRAU SOLNESS. Sie wissen ganz genau, dass er nicht schwindelfrei ist.

HILDE. Nein, das weiß ich nicht.

FRAU SOLNESS. Das ist mir klar. Sie wissen so manches nicht.

HILDE. Als ich ihn gesehen habe, stand er ganz oben, ganz oben.

FRAU SOLNESS. Ja, man kann nie wissen, was er tut. Dieser Mensch ist zu allem fähig *(ab)*.

Szene 6

SOLNESS. Es soll jemand da sein, höre ich, der mich zu sprechen wünscht?

HILDE. Ei ja, das bin ich doch, Baumeister.

SOLNESS. So du bist es, Hilde. Ich hatte schon Angst, es könnte meine Frau oder der Doktor sein. Weißt du, die beiden stecken nämlich unter einer Decke. Die haben es auf mich abgesehen. *(Flüstert)* Die wollen mich für verrückt erklären lassen. Damit Sie sich hier einnisten können. Dein Baumeister ist ein gesuchter Mann musst du wissen, Hilde, ein gesuchter Mann.

HILDE. Ach, du bist wohl überhaupt ein bisschen furchtsam.

SOLNESS. Eigentlich nicht.

HILDE. Doch. Es heißt, du hättest Angst, so auf den Gerüsten herumzuklettern.

SOLNESS. Ach, das. Ja, das stimmt.

HILDE. Hast du Angst runterzufallen und dir den Hals zu brechen?

SOLNESS. Ja, das nicht.

HILDE. Was ist es denn?

SOLNESS. Die Vergeltung. Ich habe Angst vor der Vergeltung.

HILDE. Das musst du mir aber erklären, mein Baumeister.

SOLNESS. Ich will es versuchen, Hilde. Du weißt ja, womit ich angefangen habe, das waren

Kirchenbauten. Denn ich bin frommer Leute Kind vom Lande. Und da konnte es für mich ja doch keinen höheren Beruf und keine höhere Berufung geben, als Kirchen zu bauen. Und da darf ich schon sagen, ich baute all diese kleinen dürftigen Kirchen mit ihren allzu hohen Türmen mit einer so ehrlichen und warmen und innigen Empfindung, dass ich meine, dass er schon wohl mit mir zufrieden hätte sein können.

HILDE. Ei, wer denn?

SOLNESS. Der da oben.

HILDE. Och, glaubst du denn an solche ollen Kamellen wie an den großen alten Mann mit seinem weißen Bart im Himmel?

SOLNESS. Ob ich daran glaube? Hör mal Kind, ich habe einen Deal mit ihm gemacht. Damals in Lysanger. Und du warst mit dabei.

HILDE. Ja, ich stand unten in der Menge und schaute auf zu Dir.

SOLNESS. Oben war ich, ganz oben auf der Kirchturmspitze. Man kann mit Gott keinen Deal auf halber Höhe machen. Man muss ihm schon ein Stück weit entgegenkommen. Ich sagte ihm: Pass auf, wir machen einen Deal, du kannst alles haben, was du willst – Leben, Liebe, Hoffnung, Glück – wenn du mich nur einen großen berühmten Baumeister werden lässt. Und was glaubst du, was passiert ist?

HILDE. Ja, das ist ja irre spannend.

SOLNESS. Er willigte ein. Auch als ich ihm sagte, dass ich keine Kirchen mehr bauen wolle. Denn von Kirchen hatte ich die Schnauze voll bis Oberkante Unterkiefer. Die Kirchtürme standen mir bis hier *(zeigt zu seinem Unterkiefer)*.

HILDE. Das war also der Gesang, den ich in den Lüften hörte?

SOLNESS. Ja, der Gesang war kein Gesang, sondern ein Zwiegespräch mit Gott. Und weiß Gott, er bekam Wasser auf seine Mühlen. Er legte alles in meinem Leben in Schutt und Asche. Aber weiß Gott, ich wurde ein großer Baumeister, der größte Baumeister, den dieses Land je gesehen hat. Aber, wenn ich jetzt zurückblicke, muss ich sagen: nichts gebaut im Grunde, alles wie im Sand zerronnen. Nichts gebaut im Grunde, nichts und basta! Nichts.

Szene 7

HILDE. Und jetzt willst Du nichts mehr bauen, mein Baumeister, das ist aber schade.

SOLNESS. Hilde, was heißt da nichts mehr bauen? Gerade jetzt will ich damit anfangen. Gerade jetzt, wo ich dich so sehe, gerade jetzt will ich endlich anfangen zu bauen. Das einzige, worin wie ich glaube das Menschenglück wohnen kann, das will ich jetzt bauen.

HILDE. Willst Du denn etwa Luftschlösser bauen?

SOLNESS. Luftschlösser, genau.

HILDE. Oh, mein Baumeister *(fällt ihm um den Hals)*.

SOLNESS. Nicht doch, Kind, nicht doch.

HILDE. Oh, mein Baumeister, mir wird ganz bang bei dem Gedanken, ich habe Angst, dass Dir schwindlig wird, noch ehe wir auf halber Höhe sind.

SOLNESS. Mir wird nicht schwindlig werden, Hildchen, wenn ich an Deiner Hand gehen darf.

HILDE. An meiner Hand *(reicht ihm die Hand)*.

SOLNESS *(fasst ihre Hand)*. An deiner Hand bis ganz hinauf.

HILDE. Und die anderen? Was machen wir mit den ganzen anderen?

SOLNESS. Die können uns am Arsche lecken.

HILDE *(fällt ihm um den Hals).* Oh, mein Baumeister! Steigst Du denn heute wieder hinauf?

SOLNESS. Gewiss.

HILDE. Oh Baumeister, das wird herrlich. Zehn Jahre musste ich warten, bis ich Dich wieder ganz oben sehe, frei und glücklich.

SOLNESS. Glücklich.

HILDE. Ja, und frei.

SOLNESS. Ja, Hilde, glücklich und frei werde ich sein. Ich werde zu ihm sagen: Vergessen wir den ganzen alten Schotter von gestern. Du magst auch weiterhin bestimmen über mich, wie es dir gefällt. Nur eines möchte ich dir noch sagen:

Fortan will ich nur noch das Schönste bauen, was es auf Erden gibt.

HILDE. Luftschlösser?

SOLNESS. Luftschlösser. Luftschlösser will ich bauen gemeinsam mit einer Prinzessin, die ich liebe.

HILDE *(fällt ihm um den Hals, klatscht in die Hände)* Oh, mein Baumeister!

SOLNESS. Ja. Und dann werde ich ihm sagen: Jetzt gehe ich hinunter und umarme sie und küsse sie.

HILDE. Viele Male, viele Male, sag ihm das gefälligst.

SOLNESS. Viele Male, viele, viele Male werde ich sagen.

HILDE. Und dann?

SOLNESS. Dann will ich meinen Hut schwenken. Und meine Arme ausbreiten. Und wieder hinunter zur Erde steigen. Und so tun, wie ich gesagt habe.

HILDE *(mit ausgestreckten Armen)*. Nun sehe ich Dich wieder wie damals, als der Gesang war in den Lüften.

SOLNESS *(senkt den Kopf)*. Hilde, wie bist Du nur geworden, was du bist?

HILDE. Wie hast Du das nur aus mir gemacht, was ich bin?

SOLNESS. Nun, die Prinzessin soll ihr Schloss haben.

HILDE *(klatscht jubelnd in die Hände)*. Ach, mein Baumeister, mein schönes, wunder-, wunderschönes Schloss, unser Luftschloss!

SOLNESS. Ja, unser Luftschloss, mit einer harten Mauer als Grund.

Szene 8

Im Hintergrund erscheint ein angedeuteter Turm. Die Konstruktion aus Holz sieht aus wie eine Mischung zwischen Hochsitz und Sprungbrett im Schwimmbad und ist etwa zwei Meter hoch. Darunter befindet sich eine dicke Matte. Auf dem Platz davor haben sich Schaulustige versammelt. Darunter alle Personen des Stücks.

RAGNAR. Komme ich noch rechtzeitig zum Ereignis?

FRAU SOLNESS. Ja, Sie kommen rechtzeitig. Schade, dass es für ihren Vater nicht mehr rechtzeitig gekommen ist.

RAGNAR. Wissen Sie, mein Vater ist seit zwei Tagen tot. Und ich fange an, es zu vergessen. So mache ich das.

DR. HERDAL. Das ist vielleicht nicht das Falsche, Junge.

RAGNAR. Und was glauben Sie, Doktor, kriegen wir heute was zu sehen?

DR. HERDAL. Oh, wir werden sehen. Wir werden sehen.

RAGNAR *(deutet auf die Menschenmenge).* Sehen Sie da, die ganzen jungen Laute auf der Strasse?

DR. HERDAL. Ja.

RAGNAR. Das sind die Kameraden, die den Meister sehen wollen.

FRAU SOLNESS. So, warum wollen Sie ihn denn sehen?

RAGNAR. Sie wollen sehen, wie er sich nicht getraut, auf sein eigenes Haus zu steigen.

FRAU SOLNESS. Sie wollen sehen wie er unten bleibt?

RAGNAR. Er hat uns lange genug alle unten gehalten. Nun wollen wir mit ansehen, wie er gefälligst auch einmal unten bleibt.

HILDE. Das werden Sie nie sehen. Diesmal jedenfalls nicht.

RAGNAR. So, wo werden wir ihn denn dann sehen?

HILDE. Oben werden wir ihn sehen, ganz oben.

RAGNAR *(lacht)*. DEN? Wer`s glaubt, wird selig.

HILDE. Er WILL auf die Turmspitze. Folglich werden Sie ihn da auch sehen.

FRAU SOLNESS. Ich fürchte es fast.

RAGNAR. Er will, jawohl, das glaube ich gerne. Er kann aber nicht. Er würde den Kopf verlieren, noch ehe er auf halber Höhe angekommen ist. Er müsste auf allen Vieren wieder herunterkriechen.

FRAU SOLNESS. Hilde, erinnern Sie sich noch an das Geschenk, das ich für Sie aus der Stadt mitgebracht habe? Ich habe es hier in meiner Handtasche. Ich werde es ihnen geben, wenn alles ausgestanden ist.

HILDE. Au, fein.

DR. HERDAL. Sehen Sie nur, da steigt jemand die Leiter hoch, ist es der Baumeister?

HILDE. Nein, das ist der Baumeister!

RAGNAR. Ja, er ist es selbst.

FRAU SOLNESS. O Gott, es ist mein Mann. Und auch den Kranz hat er in der Hand. Er kann gar nicht sicher steigen mit dem Kranz in der Hand. Oh Gott, wenn er sich doch nur in acht nimmt.

DR. HERDAL. Er wird schon aufpassen.

FRAU SOLNESS. Jemand muss ihn aufhalten. Oh Gott, ich muss zu ihm.

DR. HERDAL *(hält sie fest)*. Niemand rührt sich von der Stelle, keinen Laut.

FRAU SOLNESS. Ich muss zu ihm. Er ist hilflos ohne mich. HALVARD!

DR. HERDAL. Still, rufen Sie ihn nicht an.

HILDE. Seht nur. Er steigt und steigt. Immer höher. Immer höher.

RAGNAR. Das gibt es doch nicht. Jetzt muss er wieder umkehren. Das hält er nicht aus.

FRAU SOLNESS. O Gott, ich habe solche Angst. Warum hält ihn niemand auf?

HILDE. Seht doch nur. Er steigt und steigt. Jetzt ist er bald oben.

FRAU SOLNESS. Ich will das nicht mit ansehen *(kramt in ihrer Handtasche).*

HILDE. Endlich, endlich! Jetzt ist er oben, endlich wieder ganz oben. So habe ich ihn gesehen, die ganzen zehn Jahre in allen meinen

Träumen: groß und frei. Das ist ja furchtbar spannend. *(Frau Solness zieht einen Revolver aus ihrer Handtasche, spannt den Hahn und legt langsam und unmerklich auf Hilde an.)*

RAGNAR. Es ist, als ob man dastünde und etwas ganz und gar unmögliches mit ansehe.

HILDE. Es ist eben das Unmögliche, was ihm so selbstverständlich ist. Still, ich höre Gesang. Einen gewaltigen Gesang.

RAGNAR. Das ist nur der Wind in den Bäumen.

Solness ist auf der Turmspitze angekommen. Er scheint glücklich, froh und ausgelassen zu sein. Er hängt den Blumenkranz an der Turmspitze auf. Er schwenkt seinen Hut, er grüßt die Menge unter sich. Er tritt auf dem Sprungbrett einen Schritt nach vor. Er streckt seinen Bauch heraus. Und streckt die Arme aus, als ob er fliegen möchte. Dann lässt er seinen Körper fallen. Frau Solness drückt den Revolver ab. Der Knall des Schusses fällt mit dem Aufprall von Solness Körper auf dem Boden zusammen, Danach gibt es noch mal einen kleineren Knall, als Hilde zu Boden fällt.

Vorhang

Holger Scheerer bei Bod GmbH, Norderstedt:

- Einsamer-Nie-Zyklus, 12 Variationen auf ein Thema von Gottfried Benn, 2007/2013
- Die Überlebenden, ein Kammerspiel (Psycho-Trilogie Teil I), 2004/2013
- Wer A. sagt... 1oo philosophische Kürzestdramen, 2014
- Wer A. sagt... Teil II, 1oo philosophische Kürzestdramen, 2014/2015
- Psycho-Maschine, ein Kammerspiel in vier Kammern (Psycho-Trilogie Teil II), Druckfassung des 2012 im Cantus Theaterverlag, Eschach erschienenen Stückes, 2009/2015